OBSERVATIONS

SUR

L'ÉTAT ACTUEL DE LA FRANCE

ET

DE L'EUROPE,

RELATIVEMENT

AUX BOURBONS

ET

À BUONAPARTE,

PAR

M. J. H. J. S. H. Officier de la Garde Nationale de Paris.

LONDRES:

DE L'IMPRIMERIE DE SCHULZE ET DEAN,

13, POLAND STREET;

SE TROUVENT CHEZ M. DECONCHY, NEW BOND STREET; ET MM.

BERTHOUD ET WHEATLY, 28, SOHO SQUARE.

1815.

OBSERVATIONS

*Sur l'Etat actuel de la France et de l'Europe, re-
lativement aux* Bourbons *et à* Buonaparte, *par*
M. J. H. J. S. H. *Officier de la Garde Nationale de Paris.*

La France a eu, depuis vingt-cinq ans, une très-
grande influence sur le sort de toute l'Europe. Les
révolutions qu'elle a successivement éprouvées, ont
entraîné les puissances continentales dans des
guerres sanglantes, soit pour repousser des aggres-
sions injustes, soit pour éteindre un volcan dont
les éruptions menaçaient l'édifice social. Je me
propose d'examiner, si elle se trouve actuellement
dans une situation telle que son existence et sa tranquillité soient assurées, de manière à ne plus inquié-
ter les nations voisines, et si la lutte qui va com-
mencer doit être considérée comme une aggresion
nouvelle ou comme une défense légitime du droit
des nations. Mais avant de m'occuper des rapports
politiques, je dois faire le récit des événemens qui
ont eu lieu en France, depuis le retour de la famille
des Bourbons, présenter le tableau de la situation

B

actuelle du royaume et faire connaître les volontés et les espérances de la nation française. Quand on a vu de près tous les changemens politiques, qui se sont opérés dans ce royaume, qu'on a connu la plupart des personnes qui ont figuré dans cette arène ensanglantée, sans avoir jamais participé à leurs projets ambitieux ou à leur fortune passagère ; il est possible d'avoir sur la population de la France, une opinion éclairée, indépendante des hommes et des événemens.

L'autorité de Buonaparte n'était plus appuyée, depuis long-temps, que sur les armes de ses soldats, et par une politique mal-entendue ; il travaillait tous les jours à la détruire. Les batailles de Lutzen, de Bautzen et surtout celle de Leipsick, achevèrent la ruine de sa puissance militaire. Les souverains de l'Europe, voulant arrêter l'effusion du sang, témoignaient néanmoins le désir de traiter avec lui ; mais comme son audace avait souvent été favorisée par la fortune, il crut, en faisant un dernier effort, se défendre au sein même de son empire. Rien, à la vérité, ne fut épargné. Sa garde, l'élite de ses armées furent sacrifiées à disputer quelques lieues de terrain aux nombreuses légions ennemies ; les nouvelles les plus fausses innondèrent la France. Ses déroutes à Soissons, à Château-Thierry, à Troyes, étaient autant de victoires dans ses bulletins mensongers ; lorsqu'enfin quinze mille hommes ne purent arrêter plus de cent mille étrangers rangés en bataille dans la plaine de St.-

Denis, et maîtres des hauteurs qui dominent la capitale, il cria à la trahison. C'était la seule manière d'expliquer les succès des confédérés. Leurs généraux morts et leurs armées battues et dispersées* n'auraient jamais conquis la capitale, sans la tra-

---

* *Extrait du Moniteur, No.* 44, 13 *Février* 1814 :—" Le 11 Février, l'Empereur parti de Champ Aubert après la journée du 10, a poussé un corps sur Châlons, pour contenir les colonnes ennemies qui s'étaient jettées de ce côté. Avec le reste de son armée, il a pris la route de Montmirail, à une lieue de là, il a rencontré le corps du général Blucher et après deux heuses de combat, toute l'armée ennemie a été culbutée. Jamais nos troupes n'ont montré plus d'ardeur. L'ennemi enfoncé de toute part, est dans une déroute complette. Tout est en notre pouvoir ou culbuté. Les résultats sont immenses, l'armée russe est détruite. L'Empereur se porte à merveille et nous n'avons perdu personne de marque."

Moniteur du 16 *Février* 1814, *No.* 47. Après un long récit des affaires de Montmirail et de Champ Aubert, on ajoute : " Cette armée de Silésie, composée des corps russes de Sacken et de Langeron, des corps prussiens d'York et de Kleist et forte de près de 80,000 hommes, a été en quatre jours battue, dispersée, anéantie sans affaires générales et sans occasionner aucune perte proportionnée à de si grands résultats."

Moniteur, No. 55, *Jeudi* 25 *Février* 1814.—Après avoir tué on faits prisonniers six généraux et quinze ou vingt mille hommes, on dit : " Les habitans de Paris devaient s'attendre aux plus grands malheurs, si l'ennemi parvenant à leurs portes, ils eussent livré leur ville sans défense, le pillage, la dévastation et l'incendie auraient fini les destinées de cette belle capitale." L'heureux prophète !

hison ; mais ces mêmes généraux morts, suivant ses bulletins, se battaient encore très-bien, leurs troupes culbutées et détruites entrèrent à Paris le 31 Mars 1814, dans le meilleur état. Leur cavalerie surtout désilla les yeux de la multitude la plus crédule. Las d'un gouvernement qui avait épuisé tous les genres de tyrannie et révolté toutes les opinions, les Français de Paris témoignèrent, par des démonstrations non équivoques, le désir d'échapper à son joug, et de voir ses légitimes souverains sur le trône de France. Déjà les Bordelais avaient reconnu un Prince de l'ancienne dynastie ; le sénat français jusqu'alors avili par la puissance exécutive, osa délibérer sur le sort de la France et entraîné par l'opinion des magistrats et des principaux habitans de Paris, déposa Napoléon, et rappela les Bourbons au trône de leurs ancêtres.

Dans le même temps Buonaparte était à Fontainebleau, au milieu de vieilles troupes épuisées de fatigues, mais encore plus révoltées de savoir l'étranger dans les murs de Paris. Il aurait pu profiter du courage désespéré de ses soldats et marcher sur la capitale, mais les forces qu'on lui opposait, étaient tellement nombreuses, toutes les positions étaient si bien gardées, qu'il eût trouvé la mort et une mort certaine. Il évita de mourir, parce qu'il voulait encore régner. Il abdiqua donc le pouvoir suprême, délia ses troupes du serment de fidélité, parce qu'à cette condition, on lui laissait la liberté de se retirer à l'île d'Elbe et d'emmener avec lui quelques vieux soldats choisis dans tous les corps de l'armée. Ceux qui ont connu l'histoire de ses derniers momens à Fontainebleau, étaient bien convaincus que Napoléon n'avait pas perdu tout espoir, ils ont seulement pu être étonnés de son prompt retour.

Le Comte d'Artois était déjà dans Paris. Louis XVIII et son auguste famille arrivèrent aux Tuileries quelques jours après. La population entière de la ville et d'une partie de la France, accourut au-devant. J'étais en marche avec le cortége, qui traversa Paris pour aller à Notre-Dame et delà au château, je fus témoin de l'enthousiasme que la présence de Sa Majesté excitait, et j'avoue qu'il me serait impossible de donner une idée des transports, des acclamations universelles qui se faisaient entendre sur toute la route. Je me serais même dispensé de parler d'une entrée qui eut à-peu-près douze cents mille témoins, mais j'ai cru nécessaire de la rappeler au lecteur, en le priant de la comparer à celle qui a eu lieu le 20 Mars dernier dans la même ville.

Louis parut quelques momens après aux fenêtres de son château ; il fut accueilli avec allégresse par la foule immense de citoyens et de soldats qui couvraient les places et les rues voisines. Il marchait depuis plusieurs jours, seul avec une jeune et intéressante Princesse, l'admiration et l'amour des Français, sur une route jonchée de fleurs, au milieu d'un population immense, rayonnante de joie et d'espérance. Il ne venait pas pour ressaisir un pouvoir échappé de ses mains, ou remonter sur un trône cimenté du sang de ses sujets, mais pour se rendre aux vœux d'une nation aimante, à des vœux manifestés à haute voix par les gens honnêtes de toutes les classes de la société. C'était un père qui rentrait au sein de sa famille, après un long voyage et non un despote ombrageux, qui, traître à ses sermens et profitant des ombres de la nuit, s'introduisait dans un château royal, que ses craintes et ses remords devaient bientôt changer en prison.

La révolution la plus étonnante, comme la plus heureuse venait de s'opérer en peu de jours, et la charte présentée aux Français et accueillie par tous les amis de l'ordre et de la paix intérieure, liait le souverain et le peuple par des nœuds indissolubles. Mais le génie du mal n'était qu'assoupi ; Buonaparte ne souillait plus de sa présence le sol français, mais ses nombreux satellites, ces hommes qui ne pouvaient oublier leur infamie au milieu des trésors dont il les avait comblés, veillaient pour lui. De leurs paisibles et somptueuses retraites, ils fomentaient des troubles d'abord obscurs et méprisés par l'opinion publique. Au lieu de rappeler aux soldats leurs devoirs et leurs jours de gloire, ils ne leur montraient dans ce changement que le résultat des conquêtes de l'étranger, acquises par la trahison. Cependant leurs complots, leurs trames étaient enveloppées de ténèbres, le moment n'était pas encore favorable.

Déjà les plus vieux comme les plus illustres généraux français, s'étaient réunis autour du Roi. Ils avaient juré de le défendre jusqu'à la mort. Il n'eût été ni juste, ni politique de les repousser. Des soldats, des officiers subalternes murmuraient encore, mais c'était, disait-on, de voir l'étranger maître de la France. Ces motifs n'étaient pas dignes de blâme, malheureusement ils n'étaient qu'apparens. Louis jugeant les militaires français d'après son cœur, aurait cru leur faire injure, en doutant de leur loyauté, de la fidélité de leurs sermens, et les Alliés du Roi s'éloignèrent. Dès ce moment le parti de Buonaparte conspira ouvertement, un petit nombre de ses anciens favoris fut admis d'abord dans la conspiration et dirigea les attaques. Les conciliabules avaient lieu chez des hommes plus ou moins connus par leur attachement à Buonaparte ou chez une femme qui ne passerait que pour galante, si les tribunaux ne l'avaient pas signalée ainsi que son mari pour leur conduite déloyale envers leur mère et belle-mère. Calomnies, intrigues, fausses nouvelles, rien ne fut épargné pour diminuer l'attachement que les Français avaient pour la personne du Roi et pour tous les princes de sa famille. Le gouvernement surtout fut en butte à leurs traits. Tantôt c'était un projet de décret encore dans le port feuille de tel ou tel ministre, qui devait dépouiller les acquéreurs de biens nationaux, malgré la charte et les déclarations formelles du Roi et des deux chambres; tantôt on annonçait que les priviléges de l'ancienne noblesse allaient être rétablis et les nobles seuls déclarés dignes d'obtenir les grades aux armées, que les officiers même nouvellement brévetés par le Roi, seraient incessamment éliminés pour faire place aux émigrés. Dans toutes les occasions, au lieu de laisser les militaires jouir tranquillement des distinctions honorables que le Roi leur assurait, des récompenses pécuniaires qu'il leur faisait payer avec exactitude, ils ne voyaient plus que mensonges dans l'avenir et avilissement dans la génération présente. Une cérémonie religieuse, un service funèbre, qui n'aurait pas été connu, si les journaux n'en avaient pas parlé, avait-il lieu? on criait au fanatisme. Les prêtres allaient maîtriser toutes les consciences et rétablir les impôts de l'église. Un officier de la maison civile du Roi, avait-il une table à lui et peut-être mal à-propos? on ne voyait plus que désordre et prodigalité dans cette nouvelle cour. Un vieux militaire ruiné au service du Roi, obtenait-il quelques dédommagemens? les mêmes hommes qui nageaient dans l'opulence et jouissaient paisiblement du fruit de leurs bassesses et même de leurs crimes, criaient à l'injustice. Il en résulta que, soit légèreté ou mécontentement personnel, l'opinion se partageait, le gouvernement trouvait beaucoup de frondeurs, on se plaignait et Buonaparte crut qu'on désirait son retour. Tel était du moins l'objet des messages qu'il recevait à l'île d'Elbe. Depuis il s'est aperçu sans doute qu'on l'avait trompé et que Napoléon le Grand n'était plus que le prête-nom d'un parti.

Mais ces plaintes, ces mécontentemens partiels, ce malaise, pour ainsi dire, d'une partie de la société, étaient-ils entièrement sans motifs? Je vais exposer les faits dont j'ai été le témoin, répéter les plaintes que j'ai entendues, avec toute l'impartialité dont je suis capable.

Louis XVIII fit une première faute et qui a eu les plus funestes conséquences, mais cette faute était digne de l'héritier du trône et des vertus d'Henri IV. Il crut à la loyauté de ses généraux et de ses soldats, il ne soupçonna même pas qu'il y eut parmi les successeurs des Crillons, des Fabert et des Bayard, un seul homme capable de mensonge et de perfidie. Les Alliés quittèrent la France, ils ne prirent aucune précaution pour empêcher le retour de Napoléon ; dès ce moment, les personnes qui ont vu de près la révolution et les intrigues qui l'ont prolongée, conçurent des craintes. On s'aperçut en même temps que le Roi se faisait une loi de déplacer peu de gens en place, sans égard à la capacité et à la conduite morale et politique des individus, cette mesure eut de funestes résultats. Son conseil-d'état offrit d'abord une disparate choquante, dans les hommes qui le composaient et la nullité était le moindre reproche, que l'on pouvait faire à plusieurs d'entr'eux. La charte avait solennellement proclamé la liberté de la presse et ce conseil fut chargé de présenter un projet de loi pour en prévenir les délits ; ce projet fut si mal conçu* et rédigé dans des termes si contradictoires, que les deux chambres le mutilèrent dans toutes ses parties. La loi néanmoins fut rendue pour deux ans. Les qualités personnelles du Roi, l'influence que ses vertus lui donnaient dans les deux chambres, l'emportèrent sur les véritables intérêts du trône. On disait à ce sujet que les ministres et les principaux agens du gouvernement n'avaient sollicité cette loi que pour dormir plus tranquillement. On s'est convaincu par l'expérience et par les résultats, qu'ils

---

* Je le prouve ; on disait, dans le considérant, ainsi que dans les discours prononcés à ce sujet, que la liberté de la presse pouvait exister avec une censure, qu'on pourrait imprimer librement sa pensée, après qu'elle aurait passé par l'examen d'un censeur ou agent quelconque du gouvernement. On disait que *réprimer un délit* signifiait *prévenir un délit*, c'est-à-dire que *punir un crime* voulait dire *empêcher qu'on ne le commette*. D'après cette loi, le panégirique de St. Louis ou de Louis XVI en 18 feuilles d'impression devait être soumis à la censure, mais l'on pouvait insérer impunément dans une brochure de 21 feuilles les déclamations les plus outrées, les satyres les plus sanglantes contre le gouvernement.

en ont amplement profité, mais leur réveil a dû être terrible. On disait en même temps que tel ministre ne connaissait nullement les hommes qui dirigeaient son ministère, que tel autre était beaucoup plus occupé de sa santé chancellante, que d'une surveillance active et beaucoup trop au-dessus de ses forces ; qu'un troisième ne pouvait même pas se compromettre, car il avouait souvent ne prendre aucune part aux décisions de son ministère, que d'autres enfin beaucoup moins occupés des intérêts du Roi que de conserver leur crédit, auraient craint de le diminuer, en lui faisant connaître la vérité ou parvenir les conseils salutaires.

Ces reproches plus ou moins fondés, trouvaient facilement des gens disposés à les croire tels, parmi ceux qui couraient à Paris du fonds de leurs provinces, pour demander des places et des récompenses. Nous avons vu pendant plusieurs mois les escaliers des Tuileries, les bureaux des ministres, les anti-chambres des princes encombrés de solliciteurs, qui n'avaient pas perdu de vue le clocher de leur village depuis vingt-cinq ans, et qui, dans un costume aussi ancien que leurs prétentions étaient ridicules, venaient à Paris et voulaient une place ou des pensions, pour n'avoir pris aucune part à la révolution ou ne s'être pas enrichis sous le gouvernement impérial. Il fut impossible de les satisfaire, et ils retournèrent presque tous dans leurs provinces, mécontens du nouvel ordre des choses. La multitude des demandes et le ridicule des prétentions fit néanmoins commettre une faute. On commença par en lire quelques-unes et par les oublier presque toutes, un grand nombre même resta sous le cachet. Le hazard me rendit témoin d'un fait positif à ce sujet. Dans une des belles matinées du mois de Juillet dernier, je fus me promener aux Tuileries d'assez bonne heure. En quittant le Pont Royal, je vis plusieurs personnes rassemblées sur le trottoir et contre la grille du château, au-dessus de la petite cour où sont les cuisines du pavillon de Flore. J'aperçus bien distinctement quelques centaines de lettres sous enveloppes encore cachetées. Les passans regardaient ces lettres avec des signes non équivoques de mécontentement; je crus reconnaître qu'on les avait jettées avec les chiffons de papier d'un bureau démenagé. Probablement on s'aperçut dans la journée du mauvais effet que cette négligence produisait, car le lendemain elles n'y étaient plus. Il eût été bien plus juste et plus politique de les ouvrir et de refuser ce qu'on ne devait ou ce qu'on ne pouvait pas accorder. Un homme qu'on refuse poliment, parce qu'on ne peut pas donner tout et à tout le monde, aura toujours moins sujet d'être mécontent que celui auquel on ne répond même pas et sous ce point de vue, l'administration ne fut pas exempte de reproches.

Depuis le commencement de la révolution,

une maladie assez étrange avait gagné tous les hommes en place, et cette maladie n'avait jamais cessé de faire des progrès; je veux parler de la *bureaumanie*. Le plus petit conseiller, chargé de la plus petite partie de l'administration voulait avoir des commis, des chefs de bureaux, des chefs de divisions, etc. Il croyait se donner une plus grande importance, par un plus grand nombre d'employés. Les ministères surtout et les administrations générales pullulaient de gens inutiles ou même dangereux ; car les ministres se trouvant dans l'impossibilité de lire et de connaître les tas de paperasses, qu'on déposait tous les matins dans leurs cabinets, signaient souvent de confiance et deux décisions contradictoires sortaient du même ministère, parce qu'elles avaient été prises dans deux divisions différentes. Louis XVIII appelé à porter une couronne d'épines, ordonna une réforme et voulut mettre fin à des abus aussi onéreux au trésor royal que nuisibles au bien du service. Cette réforme augmenta le nombre des mécontens, parce qu'elle fut mal exécutée, on aurait même pu dire avec beaucoup d'impartialité, que dans plusieurs points, les ennemis du Roi avaient rédigé le travail. Je n'en citerai qu'un exemple qui m'est bien connu. Un administrateur supérieur fut réformé après trente-trois ans d'exercices ; il était irréprochable et dans sa comptabilité et dans sa conduite politique. Il demanda pour récompense la décoration de la légion d'honneur. Après plusieurs mois d'attente et desésperant de l'obtenir, il eut la faiblesse de s'en affliger beaucoup trop profondement. Il tomba malade et mourut au bout de dix jours ; j'assistai à son convoi funèbre, et je fus très-surpris d'y rencontrer un de ses alliés connu par beaucoup d'excès révolutionnaires, nouvellement décoré du ruban rouge et confirmé dans sa place. Cet exemple, comme beaucoup d'autres, me fit croire que l'air de l'île d'Elbe circulait dans les bureaux de plus d'une administration supérieure.

Le comte d'Artois, connaissant les plaintes fondées, que l'impôt des droits réunis avait excité dans toutes les parties de la France, promit en arrivant à Paris de le supprimer. Quoiqu'il n'en eut pas le droit, la France entière espérait qu'on en supprimerait au moins les exercices, qui donnaient lieu à des abus et à des vexations journalières. Le Roi fut assez mal conseillé, pour se charger d'acquitter promptement la dette de Buonaparte, qui s'élevait à quinze cents millions, et pour laquelle on pouvait prendre de longs termes ; de sorte qu'il se trouva obligé de faire reparaître cet impôt sous un autre nom ; il était juste et politique, à la vérité, de liquider la solde arriérée des militaires, mais ils n'en furent pas mieux payés. La liquidation de cette dette fut opérée avec le même esprit que la réforme des bureaux. Les officiers et les soldatsrecevaient leur congé de retraite ou de réforme et l'extrait d'une revue qui constatait la somme à leur payer, mais le payeur n'avait pas de fonds pour le moment, il se trouvait néanmoins dans le voisinage du payeur, un homme serviable qui voulait bien se charger de la créance et l'acquitter sur-le-champ, moyennant un escompte de 50 pour cent. Ces faits sont connus de tout Paris, je pourrais montrer moi-même un extrait de revue de 90 fr. délivré au fils d'un cultivateur que mon père m'avait recommandé à Paris. Après quatorze ans de services et obtenant un congé de réforme pour blessures graves, il avait reçu cette ordonnance ou extrait de revue en payement de huit ou dix mois de solde arriérée; prêt à partir et n'ayant pas d'autre ressource, il allait, comme tous ses camarades, la donner pour 45 fr. il me la laissa, parce que je lui prêtai cette somme. Depuis six mois, j'ai envoyé plusieurs fois chez son payeur, mais il ne s'est jamais trouvé de fonds dans la caisse. Je pourrais m'étendre beaucoup plus au long sur les abus de l'administration militaire, mais je n'ai pas prétendu faire un traité complet, dont plusieurs particularités pourraient devenir dégoûtantes ; c'est pourtant l'administration qui demandait la plus grande surveillance, pour qu'on fît le moins d'injustices aux militaires. C'était précisément celle où il y avait le plus d'abus.

Je terminerai par un dernier reproche qui n'était pas le moins fondé, et que j'ai toujours considéré comme un des plus graves. C'est que le Roi était entouré de serviteurs fidèles et dévoués, mais entièrement étrangers aux hommes, aux institutions et aux idées de l'an 1814.

Ils étaient étrangers aux hommes, car la plupart ne connaissaient même pas de nom, ces royalistes courageux qui n'ont jamais reculé devant l'ennemi; dont la conduite et les discours ont, pendant vingt-cinq ans, constamment lutté contre le despotisme révolutionnaire ou impérial, qui toujours prêts à monter sur la brêche n'ont jamais craint d'exposer leur liberté ou leur vie pour la défense de la vérité et des principes monarchiques.*

---

* Ceux qu'on a vus rédiger ou signer la pétition des vingt-mille citoyens de Paris et demander à l'assemblée nationale la punition des habitans des Fauxbourg, St. Marceau et St. Antoine, qui avaient violé le palais de Louis XVI le 20 Juin 1792.

Ceux qu'on a vus dans le château des Tuileries le 10 Août 1792, pour la défense du Roi et de sa famille et qui n'en sortirent que lorsque le Roi l'eût quitté, pour aller à l'assemblée.

Ceux qu'on a vus le 4 prairial dans les sections de la Butte des Moulins, des filles St. Thomas, etc., prendre les armes et marcher sous les ordres de Pichegru, lorsqu'il alla désarmer les Fauxbourgs insurgés.

Ceux qu'on a vus dans ces mêmes sections, lorsque les Parisiens se révoltèrent contre la convention nationale et prirent les armes contre les égorgeurs qui formaient la phalange sacrée commandée par Buonaparte le 13 Vendémiaire (5 Octobre 1795).

Leur nombre n'était plus déjà si grand! le fer et l'échafaud en ont tant moissonné! quelques-uns même ont transigé avec l'honneur dans les antichambres de Napoléon. Non-seulement il eût été nécessaire de les connaître, mais de les appeler, de les consulter ; ils auraient signalé les individus, ils auraient répandu une heureuse influence dans les choix, en obéissant à la voix de leur conscience, qui ne s'est jamais démentie. C'est probablement ce qui les a fait négliger ; on voulait administrer seuls ou avec un petit nombre d'amis. On a eu l'amour-propre de trouver le fardeau léger, l'expérience a prouvé le contraire.

On n'était pas mieux éclairé sur les institutions nouvelles. On ignorait que la majorité de la nation, qui n'a jamais réellement pris de part aux

---

Ceux qu'on a vus le 31 Mars et le 1er. Avril 1814, sur les boulevarts Italiens, dans les spectacles et dans tous les lieux publics, lorsque l'Empereur Alexandre et ses illustres alliés entendirent pour la première fois les cris de *vive le Roi! vive les Bourbons.*

Ceux qu'on a vus rédiger ou signer la proclamation du 1er Avril 1814, qui rappelait les Bourbons au trône de leurs ancêtres et montrait Buonaparte dans toute sa difformité.

Ceux qu'on a vus à la tête ou dans les rangs de la garde nationale Parisienne, qui fut au devant du comte d'Artois aussitôt que son arrivée fut connue.

Ceux qu'on a vus enfin et qu'on verra toujours partout où l'honneur et le sentiment ont dû ou devront les conduire.

C`

projets des ambitieux et des usurpateurs, dont elle a même presque toujours été le jouet et la victime, n'est plus la même nation qu'en 1789. Les établissemens d'instruction, d'utilité, etc., quelle que soit la date de leur fondation, sont regardés comme nationaux. Les Français y attachent une sorte de gloire, d'intérêt particulier, indépendant de l'autorité. Il eût été peut-être plus sage de remédier aux abus et de différer les changemens, d'attendre que les circonstances et l'opinion en eussent fait une loi. Un grand nom fera toujours beaucoup d'honneur à un corps savant, mais il ne paraissait pas nécessaire d'acheter cet honneur par une nouvelle organisation, qui n'était au fond qu'un simple changement de nom, et dont les révolutionnaires et les Buonapartistes tiraient le plus grand parti pour effrayer les hommes crédules. Une faute dans le même genre avait déjà été commise, elle avait fait le sujet d'une discussion fort déplacée dans la Chambre des Députés ; je veux parler de la suppression de ces maisons fondées par Buonaparte, et qui servent d'azile à de jeunes personnes orphelines par les événemens de la guerre. Le prétexte d'économie qu'on mettait en avant, était bien frivole, dans le temps qu'on se chargeait de payer pour cinq ou six cents millions de dettes à des fournisseurs dont les comptes n'avaient pas encore été vérifiés.

Vingt-cinq ans d'absence, les avaient également rendus étrangers aux idées, aux opinions de la majorité des Français. L'opinion publique est changée sur beaucoup de points et l'opinion est la reine du monde. On administrera contre l'opinion en remplaçant un chimiste exercé par un administrateur comptable, et un comptable par un homme qui n'a que la bonne volonté de le devenir. Un bon commis de la marine paraîtra déplacé dans une maison royale, et un administrateur civil fort étranger dans le ministère de la marine. Après vingt-cinq ans d'expérience, on a vu que le mérite est personnel et non héréditaire. Un homme utile à la société par ses travaux ou par son industrie, se croit l'égal de celui qui sert l'état avec courage et fidélité, parce qu'on a eu lieu d'observer que la bravoure et le courage sont aussi personnels que les talens acquis. Ces idées très-communes et très-générales en France, après une révolution qui a illustré tant de noms obscurs et obscurci beaucoup de noms illustres, n'étaient pas encore assez répandues dans l'étranger, où l'on juge ordinairement sur des relations secrètes et partiales, ou ce qui est encore plus fautif sur des feuilles publiques. Je pourrais en trouver un assez grand nombre d'exemples ; je n'en citerai qu'un seul, parce qu'il est notoirement connu.

Vers le mois de Décembre 1813, Buonaparte ne sachant plus où trouver des hommes et de l'argent pour les équiper, réorganisa la garde nationale, afin de s'en servir au besoin et dans tous les cas, de pouvoir disposer des troupes de lignes qui formaient la garnison de Paris, et qu'on estime ordinairement à quinze mille hommes environ. La garde nationale fit son service avec exactitude pendant trois mois, mais malgré les invitations, les menaces même des autorités, peu de gens voulaient endosser l'uniforme. On en comptait à peine trois ou quatre mille avant le 1er Avril, et la plupart des habits avaient été fournis par les municipalités. Mais aussitôt après la chute de Napoléon, toute la bourgeoisie de Paris se mit en dépense. Avant l'entrée du Roi, dix-huit mille hommes s'étaient habillés, armés et équipés à leurs frais, pour aller au-devant de lui et veiller à sa sûreté. On a vu pendant six ou sept mois, la garde nationale faire seule, le service du château des Tuileries, des palais des Princes et de tous les établissemens de la capitale ; car la troupe de ligne assez mal disposée, avait eu ordre de quitter Paris. On organisait dans ce moment, la maison du Roi. Un certain jour, au moment qu'on s'y attendait le moins et des neuf heures du matin (la garde nationale n'était relevée qu'à midi) un capitaine des gardes du corps se présente, pour relever les postes de l'intérieur des appartemens, sans avis préliminaires, sans ordres du général en chef. Plusieurs grenadiers ou chasseurs ne se trouvaient pas au corps de garde pour le moment ; on met leurs fusils, gibernes, etc. à la porte, ce qui voulait dire : Allez-vous-en, nous n'avons plus besoin de vous.

Ce procédé pouvait occasionner beaucoup de désordres. Dans les légions, on refusait déjà de monter la garde au château, et la division allait s'établir entre deux corps faits pour s'estimer réciproquement, dont le zèle et le dévoûment pour la famille royale étaient bien connus. Le Roi, avec sa bonté et sa sollicitude paternelle, voulut bien réparer la sottise de son capitaine des gardes. Sa Majesté témoigna hautement aux gardes nationaux, le désir de les voir souvent autour de lui. Il envoya plusieurs fois son premier gentilhomme, s'informer si la garde nationale avait quelques réclamations à faire relativement à son service. Cet événement fut bientôt oublié, et dans toutes les occasions, la garde nationale de Paris a prouvé par son zèle et l'exactitude de son service qu'elle était trop sincèrement attachée à son général en chef et à toute la famille royale, pour se formaliser des étourderies ou des sottes prétentions de quelques individus.

On imprima aussi quelques mémoirés contre le gouvernement ; mais les auteurs de ces écrits éphémères étaient connus par leurs opinions et par leur conduite politique ; ils inspiraient peu de confiance et ne produisaient que très-peu d'effets. Il ne paraissait pas extraordinaire d'entendre des républicains déclamer contre une monarchie. En conséquence j'en parlerai peu. Le plus grand reproche qu'ils s'accordaient à faire au Roi, était de n'avoir pas accepté sans restriction la charte constitutionnelle faite par le sénat. Ils étaient persuadés que le peuple français pouvait disposer de la couronne vacante par l'abdication de Napoléon, et que le sénat était l'organe du peuple. Sous l'un et l'autre rapport, ces prétentions n'étaient pas fondées ; d'abord Louis remontait sur le trône de France par droit d'hérédité, et il eût été dangereux pour sa famille comme pour l'état, que cela fût autrement. Si Louis eût consenti à recevoir la couronne comme un don, il eût interverti les lois fondamentales de la monarchie française, qui ont reconnu depuis plusieurs siècles, l'hérédité de la couronne. L'usurpation de la convention nationale et de Napoléon n'avait rien changé à ces lois ; comme sous les Guises, les Bussy et autres ligueurs, les lois de l'état, les droits naturels et légitimes d'Henri IV avaient pu être suspendus pendant un certain nombre d'années, mais n'avaient pas été anéantis. En acceptant la couronne comme un don, Louis autorisait les changemens de dynastie, suivant la volonté d'un des corps constitués de l'état. En second lieu, un des corps constitués de l'état, le sénat, ne pouvait pas représenter la nation française et agir en son nom, sans un mandat particulier, sans une mission qu'il n'a jamais reçue. Je ne crois pas nécessaire de rappeler ici les reproches fondés que la nation faisait depuis long-temps au sénat, les plaintes que sa faiblesse et sa soumission aux volontés arbitraires de Napoléon, avaient justement méritées. Je ne considère que l'irrégularité de sa conduite dans cette occasion. Les souverains alliés déclarent qu'ils ne traîteront plus avec Buonaparte, ni avec aucun des membres de sa famille, le sénat dépose Napoléon, et Napoléon abdique l'autorité. Au même instant le sénat, sans assembler, sans consulter les membres du corps législatif représentans immédiats du peuple français, fait et présente au Roi une nouvelle constitution. Tous les membres du sénat étaient sénateurs à vie seulement, et dans cette nouvelle constitution, ils se déclarent sénateurs à perpétuité dans leurs enfants et arrières-petits enfans. Il me semble que cette clause seule demandait le consentement de la nation, surtout d'après le systéme que la nation avait reconquis la souveraineté. Je n'ai pas voyagé dans les différentes parties de la France à cette époque, mais je puis assurer que l'opinion publique de la capitale se prononça ouvertement contre cette constitution ; à Nantes, à Bordeaux, etc., dans plusieurs autres villes, elle fût completement désapprouvée. Louis XVIII ne fit donc que suivre le vœu du peuple, en refusant d'accepter une œuvre beaucoup trop intéressée de la part de ses auteurs, en présentant lui-même aux deux premiers corps constitués de l'état, à toute la représentation nationale, une constitution qui contenait tout ce qu'on pouvait attendre d'un prince juste et éclairé, d'un souverain qui contractait avec franchise, un engagement qu'il jurait d'observer avec loyauté.

On se plaignait aussi dans l'un de ces pamphlets, que le Roi eût composé sa maison de personnes choisies et distinguées par leur bonne conduite et leurs opinions, ou par celles de leurs parents ; qu'il eût admis trois ou quatre mille suisses dans sa garde. Les officiers et les soldats de Napoléon, tels que M. de la Bédoyère et autres de cette sorte, auraient sans doute plu d'avantage à M. Méhée de la Touche, auteur du pamphlet ; de semblables reproches ne méritent pas de réponse. Les suisses ont servi fidèlement la France depuis près de deux siècles, j'ignore les raisons qui devaient les faire exclure de la maison du Roi, leur conduite au 20 Mars dernier, a prouvé qu'ils méritaient la même confiance que leurs ancêtres.

On voit que ces objections n'étaient pas fortes ni dangereuses pour l'opinion. Mais, comme les auteurs de ces mémoires et leurs partisans, les renouvellent aujourd'hui, et qu'ils ajoutent que Louis XVIII *a octroyé* une constitution au peuple français, tandis que Buonaparté était Empereur en vertu d'une constitution reconnue par le peuple ; je crois nécessaire de faire connaître la valeur de ces mots, *constitution reconnue, acceptée par le peuple.* Ceux qui font cette objection, savent bien comme moi, que cette phrase n'a plus de sens dans la langue française, qu'on ne peut plus la faire de bonne foi, mais comme elle peut encore être spécieuse dans l'étranger, où l'on n'est pas toujours au courant de la valeur de certaines expressions, je crois nécessaire de donner quelques développemens à ce sujet.* Un député est véritablement nommé par le peuple, lorsque les habitans d'une paroisse, d'une ville, d'un canton, ayant les droits de citoyens, se réunissent pour voter suivant leur opinion, et choisir librement telle personne plutôt que telle

---

* Je citerai d'abord une note insérée dans les mémoires pour servir à l'histoire de France par M. Salgues, page 142, " Lorsqu'il fût question, dit-il, de faire la constitution de l'an 3e, M. Delacroix jurisconsulte fort connu par ses ouvrages sur les constitutions, l'histoire et la jurisprudence fit une proposition qui effraya singulièrement la représentation nationale. Il voulait que l'on convoquât les assemblées primaires pour les faire délibérer sur la forme du gouvernement. Elles se seraient décidées librement entre la république et la monarchie. Le gouvernement devait tenir prêt un nombre déterminé de bâtimens de transport. Dans le cas où le peuple aurait adopté la monarchie, l'auteur voulait qu'on embarquât la convention et qu'on la transférât à Botany-Bay, où elle pourrait à son gré, établir la liberté et l'égalité. La convention accueillit trèsmal l'avis du jurisconsulte, et le fit transférer lui-même à la prison de la Conciergerie, où il subit un jugement criminel, dont il eût pourtant le bonheur de se tirer."

Comment supposer que les français ont jamais pu se prononcer individuellement sur la forme de gouvernement qu'ils préféraient ? Lorsqu'un jurisconsulte était emprisonné et traduit au criminel, pour avoir seulment proposé de leur laisser la liberté du choix.

autre ; une constitution est véritablement reconnue par le peuple, lorsque les mêmes citoyens votent librement et sans aucune influence étrangère pour telle constitution, pour telle forme de gouvernement plutôt que pour telle autre, ou qu'ils en donnent la mission, le mandat particulier à leurs députés. Alors seulement, on peut dire que la constitution a été acceptée ou faite par le peuple et que les députés ont agi au gré de leurs mandataires. Cette circonstance ne s'est rencontrée qu'une seule fois depuis vingt-cinq ans : ce fût à l'époque de la fédération de 1790. Soit que les décrets de la constituante fussent bons ou mauvais, soit que les constitans eussent suivi ou manqué à leurs premiers mandats, la nation française réunie en assemblées primaires envoya trente ou quarante mille députés à Paris, pour prêter serment de fidélité au Roi, et donner son approbation aux travaux de l'assemblée. Il parut bien constant que les citoyens de toute la France, par l'organe de leurs députés juraient fidélité au monarque et aux lois qu'il avait sanctionnées. Depuis cette époque, l'opinion du peuple n'a plus été comptée pour rien, elle a été influencée à force d'intrigues ou par la force des bayonnettes ; mais on a tant parlé de l'acceptation du peuple, d'une constitution reconnue par le peuple, qu'il suffira de tracer l'historique de l'une de ces acceptations, pour se convaincre que cette phrase bannale n'a plus de sens. Je vais choisir, pour exemple, le changement du consulat de la France en Empire.

Le 18 Brumaire, Buonaparte dissout par la force des armes, le conseil des cinq cents rassemblé dans l'orangerie du château de St. Cloud. (J'en parle comme témoin oculaire). Les députés se dispersent.* Dans la nuit quelques personnes restées à St. Cloud établissent un gouvernement provisoire: la constitution de l'an 3e précédemment reconnue par le peuple est renversée, quelques jours après on en fait paraître une nouvelle qui établit trois consuls, Buonaparte premier consul, Cambacérès second consul, etc. un sénat, un corps législatif et un tribunat. Voilà donc Buonaparte à la tête du gouvernement, par une constitution que le peuple reconnaît aussi. Trois ou quatre ans après, il veut être Empereur, et former une nouvelle dynastie, on fait en conséquence une nouvelle constitution, qui nomme Buonaparte Empereur, ainsi que ses descendans par ordre de primogéniture. Mais comment cette nouvelle constitution, ainsi que les autres, est-elle soumise à l'acceptation du peuple?

---

* Après cette exécution militaire, Buonaparté se rendit dans la salle du conseil des anciens, où il essaya de se justifier. La séance fut levée après quelques débats fort orageux. Je revins à Paris avec quelques députés des cinq-cents, que le hazard me fit rencontrer; la plupart étaient déjà partis; je calculai qu'il en pouvait rester encore une trentaine, Lucien Buonaparté et Boulay de la Meurthe étaient du nombre.

c'est ce que nous allons voir. J'observe d'abord que les citoyens français n'avaient donné aucun mandat, aucune mission particulière aux sénateurs, aux législateurs, ni aux tribuns pour renverser la constitution précédente et changer le consulat en Empire. On annonce néanmoins qu'une nouvelle constitution est faite, que les Français sont libres et peuvent voter pour ou contre, par oui, ou par non ; qu'ils sont les maîtres de reconnaître ou de rejetter la nomination de Buonaparte à l'Empire, de Buonaparte maître de toutes les forces de terre et de mer, de tous les trésors de la France, environné de ministres, d'agens supérieurs qui tiennent tout de lui, de vingt ou trente mille gardes entièrement dévoués à sa personne. C'était bien le comble de la dérision de demander des votes, de supposer que des oui ou des non, pouvaient signifier quelque chose. On veut cependant en avoir et les avoir favorables. En conséquence on ouvre des registres à la municipalité, chez les notaires de Paris, et même chez les ministres du premier consul ; comme si les citoyens libres pouvaient voter ailleurs que dans leurs assemblées primaires et sous la présidence de l'un d'eux choisi au scrutin. Le lendemain, tous les commis du ministre de l'intérieur, par exemple, sont appelés et viennent devant le ministre pour voter par oui ou par non. Il eût été difficile à des personnes qui voulaient conserver une place et un salaire dont leur famille avait besoin, de ne pas voter ou de voter contre l'Empereur; d'autant mieux que les commis de bureaux, comme tous les habitans de Paris, voyaient bien clairement que le trône était déjà occupé, et que ce n'état plus qu'une formalité à remplir. On réunit ainsi dans les bureaux et dans les administrations salariés par le trésor public trente ou quarante mille votes. Les registres des notaires et des municipalités ne furent pas si productifs, on assura néanmoins que la grande majorité des habitans de Paris avait voté pour la nouvelle constitution, et désirait que Buonaparte fût Empereur. Cela était vrai, mais seulement dans le sens de ce vieux proverbe, *qui ne dit rien, consent.* Comment accorder ou refuser par un oui ou par un non, une chose déjà reconnue, possédée par le droit du plus fort? comment supposer que Buonaparte aurait cédé à un oui ou à un non des habitans de Paris, de Bordeaux, etc. une autorité qu'il avait acquise par la force des armes, en dispersant les députés nommés par le peuple, en renversant une constitution reconnue par le peuple? les habitans de Paris ne pensèrent pas, qu'une formalité aussi inutile valut seulement la peine d'interrompre le cours des affaires pour aller voter, et par cela même qu'il avait renversé lui-même une constitution reconnue par le peuple, ils ne crurent pas que cette acceptation fut de quelque importance. On voit par ce simple récit que cette phrase reconnue *par le peuple* n'avait déjà plus de valeur, ni dans l'esprit du souverain, ni dans l'opinion du peuple.

Jusqu'ici je n'ai parlé que du mécontentement plus ou moins fondé, des motifs de plaintes plus ou moins justes. Il me reste actuellement à dire un mot des sottes clameurs des rues ou des lamentations ridicules des désœuvrés de la capitale, qu'on désigne plus particulièrement par le nom de *Gobemouches*. Je serai bref, car l'histoire de tous les caquets sortis des cotteries d'une capitale où l'on parle autant qu'à Paris, serait un travail fort long et surtout fort ennuyeux.

On sait que dans toutes les villes de l'Europe, le Dimanche est le jour consacré au repos ; mais comme on avait tout changé en France, le Dimanche avait été converti en decadi et puis en quintidi ou demi-decade, et puis il était redevenu Dimanche, on avait successivement fêté un poireau et une fille publique, la vieillesse et l'enfance. On avait ensuite supprimé St. Pierre et St. Jean, et on avait établi la fête de St. Napoléon, etc. tellement que les habitans de Paris étaient à-peu-près indifférens sur tous les jours de la semaine. Ils se gênaient les uns les autres, en tenant leurs boutiques ouvertes ou fermées à volonté ; car du moment qu'un marchand de la rue Vivienne, par exemple, ouvrait son magasin de toiles le Dimanche, il fallait que tous les marchands de toiles de la même rue et du voisinage, ouvrissent leurs boutiques, car celui là seul aurait vendu. Le nouveau préfet de police rappela les anciennes ordonnances et exigea la fermeture des boutiques et des lieux publics, surtout pendant l'office divin. Aussitôt on crie au fanatisme, on se plaint des embarras que le commerce éprouvera, si les boutiques ne sont pas ouvertes le Dimanche, comme si la consommation devait augmenter ou les demandes de la province et de l'étranger être multipliées, parce qu'on pouvait acheter ce jour là plutôt que la veille, ou le lendemain ; néanmoins de nombreuses pétitions sont adressées à la chambre des députés, et le peuple parisien conclut avec sa légéreté ordinaire que les prêtres influencent les décisions de l'autorité, qu'on ne s'occupe aux Tuileries que de rétablir les pratiques superstitieuses de l'église. La nation des Gobemouches qui répétait ces sottises, n'en connaissait pas les auteurs. Elle ne se doutait pas qu'elles entraient dans le plan des détracteurs de la famille régnante. J'ai même eu occasion d'observer que les ennemis des Bourbons n'étaient pas tous à Paris ou en France, et que la nation des Gobemouches comptait plus d'un citoyen dans l'étranger. J'en ai connu qui n'ont été en France, que depuis la restauration et qui m'ont gravement assuré que ces plaintes leur paraissaient fondées, qu'ils avaient vu eux mêmes renouveler les processions de la Fête-Dieu et autres, oubliées depuis vingt-cinq ans. Ils ignorent, ces bons et simples croyans, que rien n'a été changé depuis plus de dix ans à ce sujet; que les processions avaient été rétablies par le concordat de Buonaparte et du pape signé en 1803, et qu'elles avaient lieu depuis cette époque, dans toutes les villes et dans tous les villages de la France, à l'exception de Paris, Nismes et Avignon, où la police ne les permettait pas pour des raisons purement locales. De sorte que, si c'est un crime bien grave, d'avoir rétabli les processions de la Fête Dieu, c'est Buonaparte qui l'a commis, il faudra donc l'ajouter à beaucoup d'autres plus difficiles à justifier.

Vers le même temps, on fit un service funèbre dans une des églises de Paris, à la mémoire de George Cadoudal et de ses fidèles compagnons, morts sous la tyrannie impériale et victimes de leur devoûment au gouvernement monarchique. Nouveau sujet de plainte, comme si le même monarque qui faisait payer journellement des pensions aux veuves des français morts pour la république, devait se déclarer l'ennemi et poursuivre ceux qui témoignaient quelque reconnaissance aux défenseurs de la royauté et à leur mémoire. Je passerai sous silence beaucoup d'autres plaintes sorties de telle ou telle cotterie et plus ou moins ridicules. L'autorité les dédaignait peut-être un peu trop, elle aurait pu en tirer parti, en remontant à la source.

Je crois avoir fait l'histoire abrégée de tous les motifs de mécontentement, et présenté dans toute leur gravité, les sujets de plainte contre la cour et ses agens. Je demande actuèllement, si ces torts, quelques coupables qu'on les juge, peuvent entrer en parallèle avec les crimes des huit ou dix gouvernemens, qui ont précédé la restauration de la monarchie des Bourbons. Je demande, à tout homme de bonne foi, si les mêmes français qui, pendant vingt-cinq ans, ont ployé la tête sous le joug des tyrans de toute espèce, ont pu sérieusement et avec un peu de réflexion se plaindre du gouvernement de Louis XVIII. Auraient-ils donc oublié les prisons et les échafauds de Robespierre, les proscriptions et l'exil dans les déserts de la Guyanne, les glaces de la Russie et cette monstrueuse conscription qui a dévoré huit ou dix millions de français ? Quoi! parce que S. E. le ministre A.... n'a pas répondu à deux ou trois de mes lettres, que M. le comte ou le marquis B.... a repris ses airs de fierté en recouvrant ses titres ; que l'inspecteur aux revues C..... a commis des injustices envers des militaires recommandables ou que mon ami D..... a été réformé injustement des bureaux du trésor public, je dois devenir assez inconséquent, assez absurde même pour regretter les gouvernemens antérieurs, pour revoir de sang-froid sur la scène politique, les mêmes hommes qui ont couvert la France de deuil. Un de mes frères est mort en Pologne (et ceci n'est malheureusement que trop vrai) un autre a été laissé, blessé à mort sur le champ de bataille de Leipsick, un troisième est mort en

Angleterre après six ans de prison, un autre enfin l'aîné de tous a eu sa tête mise à prix, au commencement de la révolution et a erré pendant quatorze ans sur une terre étrangère, pour avoir été fidèle à son Roi et à ses sermens, et je deviendrais, dis-je, assez absurde pour revoir de sang-froid le retour des ambitieux révolutionnaires, pour consentir à recevoir un despote qui compte pour rien le sang des hommes, qui se joue impunément de tous les traités, et qui n'a jamais eu d'autres penchans que pour la destruction. Sans doute, toutes les familles de la France n'ont pas été aussi maltraitées, c'est qu'elles n'étaient pas toutes aussi nombreuses ; mais en est-il une seule qui ne pleure un frère, un parent, un ami ? En est-il une seule qui n'ait eu de ses proches dans les cachots ou dans l'exil ? Les usurpateurs eux-mêmes ont éprouvé de grands revers, ils ont eu aussi leurs jours d'infortunes ; il en est plus d'un, j'en suis sûr, qui regrette aujourd'hui d'avoir vécu dans un temps d'anarchie et de révolution.

Supposons néanmoins pour un instant et contre toute vraisemblance, que ces crimes sont oubliés, que les français de l'an 1815, sont aussi novices en révolution que ceux de 1788, et puisque nous avons présenté le tableau fidèle des fautes du gouvernement de Louis XVIII, parlons un peu de celles de quelques époques antérieures.

La loi qui a suspendu l'usage de la liberté de

la presse, a été sans doute le motif du plus grave
reproche qu'on ait fait au Roi, d'autant plus que
son conseil d'état avait la maladresse de la présenter d'abord comme un complément de la charte
et la proposait pour un temps indéterminé. On
ne s'est pas aperçu que cette loi était sollicitée
pour la tranquillité de l'état, pour épargner aux
gens que le Roi laissait en place, les reproches,
l'examen de leur conduite antérieure. J'ai connu
à Paris plusieurs écrivains politiques qui, pénétrés
de respect et d'amour pour la personne du Roi et
de sa famille, ne sollicitaient l'usage de la liberté
de la presse, que pour dévoiler la conduite de ceux
qui se plaignent aujourd'hui de cette violation de la
charte, violation sanctionnée par les deux chambres
après une longue discussion. Avec un peu d'esprit
d'observation, on voyait clairement que le Roi
faisait remettre dans le fourreau, l'épée dont on voulait percer ses plus implacables ennemis. Admet-
tons néanmoins que ce n'était pas là son véritable
motif, et qu'il a demandé la suspension des libertés
de la charte pour deux ans, parce que tel était son
bon plaisir. Je voudrais bien trouver actuellement un
homme assez effronté, pour oser soutenir que la liberté
de la presse a existé en France depuis le 10 Août 1792;
que les journaux, les ouvrages sur la politique,
l'administration, sur les sciences même n'ont pas
toujours été soumis à la censure, non de littérateurs
connus, mais à celle des commis de la police, que

non-seulement les articles de journaux ont toujours été surveillés avec rigueur, mais que le plus souvent on n'a pu insérer que les articles forgés dans ces mêmes bureaux. On connaît les individns qui n'ont jamais eu d'autre occupation dans les bureaux de la police générale. La loi sur la liberté de la presse a donc été le prétexte des plaintes particulières contre le Roi et non le véritable motif, car toutes les constitutions précédentes avaient aussi reconnu cette liberté, et la France n'en avait jamais joui.

On a blâmé le renvoi de quelques hommes couverts du sang de l'innocent. Un écrivain plus éloquent que moi a déjà répondu à ce reproche d'une manière victorieuse. Voyons actuellement si les gouvernemens antérieurs se piquaient de scrupule, et avaient des égards et des ménagemens pour les hommes en place. Le pouvoir exécutif et la convention nationale, qui succédèrent à Louis XVI, destituèrent et firent arrêter ses ministres, ses principaux administrateurs, Delessart, Latour du Pin, Durvey du trésor public, La Porte de la liste civile, etc., sont morts sur l'échafaud ou ont été égorgés dans les prisons. Le comité de salut public qui remplaça le pouvoir exécutif, en fit arrêter les membres et les livra aux bourreaux, Rolland, Clavière et les députés de la Gironde, leurs protecteurs, sont morts sur l'échafaud ou dans l'exil. Le gouvernement de l'an 3e de la république, ne s'établit que

par la proscription des républicains Billau d
Varennes, Collot d'Herbois, etc. Le 18 Brumaire
qui nous donna des consuls, fut signalé par la proscription de vingt ou trente députés du conseil des
cinq cents, les directeurs Barras, Dumoulin, Go-
hier, furent obligés de se cacher ou d'aller vivre
dans l'exil. Trois ans plus tard, lorsque Napoléon
trouva que tel était son bon plaisir de dissoudre le
tribunat et de se faire nommer Empereur, le tribun
Carnot resta sans place et sans fortune, il ne put
même pas conserver son traitement de général,
qu'il avait gagné par vingt-cinq ans de services.
Je ne pousserai pas plus loin mes recherches, parce
que je ne crois pas qu'on puisse, avec le moindre
reste de pudeur, établir un parallèle entre la démission forcée de quelques hommes, auxquels on
conservait un bon traitement, une entière liberté
et les changemens antérieurs ; comparer la retraite
des individus que l'opinion seule aurait dû forcer à
quitter la carrière, avec la persécution, l'exil et la
mort qui étaient le lot des hommes déplacés dans
les révolutions précédentes.

On a observé, avec raison, que les réformes des
bureaux avaient été faites sans discernement et
presque sans économie, on pourrait ajouter avec de
mauvaises intentions ; mais qui les a faites ? qui a
rédigé le travail ? ne sont-ce pas les mêmes hommes
qui avaient servi Napoléon toute leur vie, qui n'ont
jamais cessé de le servir sous le gouvernement du

Roi, et qui viennent encore de lui jurer fidélité.
J'ai dit précédemment qu'on reprochait au Roi
d'avoir déplacé quelques hommes, un reproche
beaucoup plus fondé serait d'en avoir trop conservé.
Plusieurs des chefs de divisions, dans les ministères
et dans les administrations générales étaient des
créatures de Napoléon et de ses ministres, et ce sont
eux qui ont rédigé le travail. Ils ont dû renvoyer
de préférence, ceux qui ne pensaient pas comme eux,
ils se sont débarrassés de surveillans incommodes,
et ils ont profité de la circonstance pour augmenter
le nombre des mécontens. Le Roi et les personnes
qui l'entouraient ne connaissaient pas la conduite
morale et politique des employés.

Les militaires en retraite ou à la demi solde
ont trouvé des agens infidèles qui, profitant des
circonstances, ont spéculé sur les besoins du soldat
et de l'officier. On pourrait encore à ce sujet, faire
le même reproche au gouvernement des Bourbons ;
ils ont laissé dans les places trop de créatures,
d'agens immédiats ou secondaires de l'île d'Elbe,
et ses ministres n'ont exercé aucune surveillance sur
leurs agens. Le Roi avait ordonné par un arrêté
particulier, de solder rigoureusement tous les militaires qui quittaient leurs corps. Son trésor n'a
jamais manqué un seul instant de faire le service,
les intentions du Roi néanmoins n'ont pas été
remplies. Mais ces hommes qui criaient tant, qui
faisaient partie des conciliabules et réunissaient

leurs voix contre les Bourbons, ont-ils été les agens
d'un gouvernement sans abus ? On en pourrait
nommer plusieurs, un entr'autres dont les bureaux
étaient une maison d'affaires, où l'on trouvait un tarif
pour chaque décision, un prix fait pour chaque
grâce ; dont les mœurs étaient aussi dépravées que
la c onduite politique, méprisable, et qui jouissait
néanmoins de toute la confiance de son Empereur.
Depuis quand les auteurs de scandales peuvent devenir tout-à-coup des juges irréprochables ?

Le Roi avait enfin des ministres fort au-dessous
des circonstances où ils se sont trouvés, mais il ne
les avait pas tous choisis, car plusieurs étaient en
place avant son arrivée. Je demanderai en réponse,
si, depuis vingt-cinq ans, les ministères ont toujours
été remplis par des hommes d'un talent distingué? Je
ne rapporterai pas les lazzis, les jeux de mots, les épi-
grammes, auxquelles la plupart d'entr'eux ont donné
lieu. J'observerai d'abord l'espèce de fatalité qui
poursuit la marine française. Pendant quinze ans, on
avait travaillé à l'anéantir et lorsqu'il aurait fallu un
administrateur habile, un marin expérimenté ou
connu sous quelques rapports avautageux, on a
placé et l'on s'obstine à garder le seul homme peut-
être de toute la marine française, qui ait obtenu
l'animadversion générale, que des amis de Napoléon
même regardent comme incapable de faire le bien.
L'intérieur n'a pas été plus heureux, malgré les
nombreux changemens qu'il a éprouvés depuis la

mort de Benezeck. L'un de ses successeurs qui passe pour avoir de l'esprit, spéculait sur tous les services de son ministère, et faisait souvent sa correspondance particulière, en jettant les lettres au feu, moyen fort expéditif sans doute s'il n'était pas le meilleur. Un autre, étranger à l'administration, en laissait échapper presque toutes les dépendances par son incapacité ; un troisième très-savant dans les additions de chiffres, renvoyait dans les bureaux les lettres des préfets et des administrés avec les notes les plus risibles et capables de mettre en gaieté les lecteurs les plus sérieux. N'avons-nous pas vu au ministère de la justice, un homme du monde qui, sans avoir jamais occupé de place dans la magistrature, sans avoir même fait son droit ; se trouvait à la tête de tous les tribunaux, de toutes les cours souveraines de l'empire ? Je n'irai pas plus loin, je me contenterai de faire observer que les bons ministres les Sully, les Richelieu, les Colbert qui réunissent la science politique et administrative au désintéressement, à la fermeté de caractère, à l'esprit d'indépendance dans les places éminentes, sont fort rares, et qu'en cela, comme en beaucoup d'autres choses :

La critique est aisée et l'art est difficile.

Ils connaissent bien peu la France, ceux qui ont crû que la nation française ne veut plus du gouvernement des Bourbons, par cela seul qu'on s'est plaint de la faiblesse, de la nullité même de quelques-uns de ses ministres, de ses agens supérieurs ; que la nation regrette le régime révolutionnaire, et que Buonaparte a beaucoup de partisans. Sans doute, il a des partisans, parmi la populace qui se plaît dans le désordre, parmi les gens dont l'occupation est de trouver des coupables, et qu'il recompensait de manière à leur faire oublier un infâme métier ; parmi les femmes et les hommes perdus de réputation que Salluste a si bien dépeints dans son histoire de la conjuration de Catilina : *quos flagitium, egestas, conscius animus exagitabat.* Parmi enfin ces froids égoïstes, disposés à servir tous les partis, pourvu qu'il y ait de l'argent à recevoir ou des places à obtenir, qu'on a vu successivement dans les antichambres de Robespierre, de Barras, de Buonaparte et de Louis XVIII. Mais ne sait-on pas depuis long-temps, que si la fièvre et la peste avaient des pensions ou de bonnes places à donner, la fièvre et la peste trouveraient dans tous les pays, des flatteurs et des complaisans ? On sait aussi malheureusement que les ambitieux, les usurpateurs s'occupent beaucoup de la fortune,* de l'avance-

---

* Voici à-peu près le tarif des éloges adressées à Napoléon. Ses flatteurs au nom du sénat, du corps législatif, du conseil d'état jouissaient de 160 à 250 mille livres de rente.

Ceux qui parlaient au nom des cours supérieures, la cour

ment de leurs créatures, de leurs agens, et que les bons Princes négligent presque toujours, les services qu'on leur rend et le zèle qu'on témoigne pour la bonne cause. Quoique les agens de la police, les flatteurs de Napoléon soient très-nombreux, on n'en peut pas conclure néanmoins qu'ils sont en majorité. Les propriétaires, les négotians, les cultivateurs doivent être comptés pour quelque chose. Leur opinion n'a jamais été en faveur d'un homme qui disposait de toutes les propriétés par ses lois fiscales, qui anéantissait le commerce par le monopole de ses agens particuliers, et privait la culture de ses plus fermes soutiens, par ses guerres perpétuelles et destructives ; leur intérêt personnel leur en faisait une loi.

Si les français, dit-on néanmoins, sont las du gouvernement de Buonaparte, pourquoi l'ont-ils laissé venir à Paris et remonter paisiblement sur le trône ? La réponse n'est pas difficile à faire.

---

de cassation, la cour impériale, etc. 60 à 90 mille livres de rente.

Celui ou ceux qui venaient avec ou au nom de l'institut 30 à 50 mille livres de revenus,

Les commis en chef de la police, les rédacteurs en chef des journaux, les surveillants chargés non-seulement d'empêcher la vérité d'être connue, mais de faire des éloges de commande, suivant les circonstances, 50 à 60 mille livres de rentes.

Les préfets, commissaires, présidents de canton, maires, etc. des décorations, des chevaleries, baronnies, etc.

Louis XVIII croyait et devait croire aux sermens de ses ministres, de ses maréchaux et de son armée. Qu'auraient dit la France et même l'Europe, si Louis, remontant sur le trône de ses ancêtres, eût repoussé, eût éloigné de sa personne, ces vieux généraux, qui, depuis vingt-cinq ans, combattaient glorieusement pour la France? C'est alors qu'ils auraient dû se rallier aux étendards de leur ancien compagnon d'armes. Quelle opinion le Roi eût donné de son cœur royal, si, ne voyant que des traîtres, parmi ces vieux soldats couverts d'honorables blessures, il eût donné la garde de ses forteresses et de ses arsenaux à des étrangers? Sans doute plusieurs soldats sont coupables, mais les intrigues de ceux qui regrettaient le pouvoir, l'influence des chefs qui ne trouvaient plus sous un prince juste et pacifique, la même facilité pour voler impunément, en ont entraîné un grand nombre. Buonaparté, dit-on, est arrivé à Paris sans éprouver aucun obstacle, on peut ajouter avec toutes les facilités possibles; puisque les généraux et les soldats qui avaient juré de le combattre, de se saisir de sa personne, ne marchaient que pour grossir son parti. Quels obstacles pouvait-il rencontrer? Une population qui comptait comme le monarque sur les sermens des officiers et des soldats, qui n'aurait pu marcher que confusément et sans ordre contre une armée aguerrie et qui grossirait à chaque pas. Lorsqu'un maréchal de

France jurait de l'arrêter dans sa marche et qu'il avait tous les moyens de tenir son serment ; lorsqu'un autre maréchal retenait par un feint dévoûment, par des protestations perfides, l'élan des peuples du midi. Buonaparté n'était pas parti sans complices, comme on l'a cru un moment. Il en avait partout, depuis les bords du rivage où il a débarqué jusques sur les marches du trône ; des officiers réformés, des révolutionnaires mécontens étaient placés à dessein sur la route qu'il devait parcourir. Les conspirateurs avaient tout prévu ; Lyon, qui pouvait opposer quelque résistance, était sans canons, sans munitions ; Grenoble, dont la garnison était gagnée et devait seconder son entreprise, renfermait presque tout le matériel de l'artillerie française. La police qui devait surveiller ses démarches, semblait conservée, au contraire, pour l'instruire des mesures les plus secrètes du gouvernement. L'indulgence dont on avait usé envers ses amis, ne servait qu'à les enhardir ; au lieu de les mettre hors d'état de nuire, on les avait presque tous conservés dans les places eminentes ; l'histoire nous apprendra plus tard l'influence malheureuse qui les a protégés. Je sais qu'on a dit à cette époque, et pour justifier cette mesure par un exemple, que les ligueurs eurent toutes les places, après avoir traité et reçu Henri IV. On a dit une sottise. Les ligueurs avaient traité, ils avaient reconnu Henri IV, lorsqu'ils auraient encore pu différer de le re-

connaîrre. Les agens de Buonaparte s'étaient rendus à la force des armées alliées, leur soumission était
passive, involontaire.* Puisqu'on ne voulait pas et
qu'on ne pouvait pas jusqu'à un certain point déplacer tout le monde, il fallait les prier de se taire
et surtout observer attentivement leur conduite.
Il fallait les prier de se taire, parce que leurs éloges
étaient aussi funestes que leurs calomnies, les gens
qui avaient épuisé toutes les ressources de la langue
française, pour flatter Napoléon et vanter ses vertus,
ne pouvaient plus louer personne. La vérité perd
toujours en passant par la bouche d'un menteur.
Il fallait surveiller attentivement leur conduite,
parce que pour éviter de faire un mécontent, en
destituant un commissaire des guerres, par exemple,
on devait craindre qu'il ne fit dix mécontens par
jour, parmi les militaires qui avaient besoin de lui.
Il fallait surveiller attentivement leur conduite, car
ils imprimaient sous des noms supposés, tout ce qui
pouvait les favoriser dans leurs projets. Il fallait au
contraire disait-on, oublier leur conduite passée, et
il conspiraient encore, et ils travaillaient sans relâche
à corrompre l'opinion ; on les voyait le matin offrir

---

* On pourrait même dire que leur soumission était forcée.
J'ai connu un préfet qui protestait encore le 15 Avril contre la
restauration de la monarchie, qui avait donné sa démission,
plutôt que d'obéir au nouveau gouvernement. Quelques mois
après, il fut nommé au conseil d'état.

ou rendre leurs services au Roi ; on les entendait se plaindre d'avoir été victimes d'un pouvoir arbitraire, d'avoir été forcés de faire exécuter des ordres in-justes, et le soir ils se réunissaient pour concerter leurs attaques, pour se communiquer les résultats de leurs coupables intelligences avec les refugiés en Suisse et en Italie. Ils portaient le lys, leurs femmes assistaient aux fêtes de la cour avec les couleurs des Bourbons et dans la nuit, ils allaient saluer le retour de la violette du printemps. Il était possible de prévoir que si Napoléon mettait le pied sur le territoire français, la nation retombe-rait sous le joug de ses soldats. Que peuvent faire un Roi et un peuple trahis et subjugués par leurs propres armées ? S'il fallait en appeler à l'histoire, ne sait-on pas que quelques milliers de janissaires ont souvent disposé de l'Empire Ottoman ? Et qu'à Rome les armées, les gardes même du prétoire donnaient le sceptre des Césars aux généraux qui les avaient conduits à la victoire ? On n'a pourtant jamais accusé le peuple romain de manquer de courage et d'énergie. Les citoyens se trouvent alors dans une situation plus critique, que ceux dont l'armée n'a pu les garantir de l'envahissement. Ils sont obligés de succomber, comme l'a dit un homme d'état, sous la force des bayonnettes. Les français avaient vu commettre des crimes de toute espèce, mais ils ignoraient encore jusqu'à quel degré on peut pousser la perfidie, ils ne voulaient plus de

Buonaparte ni de ses amis, la trahison des généraux et des soldats n'a pas changé leur opinion. Les insurrections du midi, de l'ouest, le mécontentement de la capitale et de toutes les villes de commerce, les mesures de haute police, l'armement de la populace, les lois révolutionnaires auxquelles Buonaparte a recours, le prouvent d'une manière évidente. Ceux même qui paraissent le servir aujourd'hui, je les ai entendus, il y a six mois, n'en parler qu'avec mépris. Mais ces mêmes bayonnettes, qui ne le garantiront pas contre l'indignation de toute l'Europe, pourraient bien se tourner contre lui ; ces mêmes révolutionnaires, ces vétérans de Robespierre et de Marat qu'il a ralliés à ses aigles, ne sont peut-être pas ses ennemis les moins dangereux ; aussi ces frayeurs augmentent journellement. Il voit l'abîme ouvert sous ses pas, il fait, dit-on, travailler aux fortifications de Montmartre ; ainsi ce géant qui naguère comptait sur une armée de deux millions de soldats, se voit déjà réduit à défendre sa capitale, avant d'avoir entendu le premier coup de canon de l'ennemi, et une capitale qui n'a ni fossés, ni ramparts et qui contient six à sept cent mille âmes.

Qu'ils cessent donc de tant parler de Buonaparte et de ses adhérens, ceux qui n'ont connu la nation française que dans les journaux ou en courant la poste sur les grandes routes. Buonaparte, disent-ils, enfin est un grand homme, il a illustré la France par des victoires ; mais Dumouriez,

Pichegru, Moreau, Hoche, Dugommier, etc. étaient déjà illustres que le nom de Buonaparte n'était encore connu que dans les sociétés révolutionnaires d'Ajaccio et de Toulon. Ces vieux généraux avaient fait plusieurs campagnes glorieuses, ils avaient conquis les bords du Rhin et toutes ses forteresses, la Belgique, la Hollande, la Savoye avec des volontaires de nouvelle levée, dont les officiers même n'avaient jamais servi. Jemmape, Fleurus, Hohenlinden, etc. une paix honorable avec l'Espagne avaient prouvé à l'Europe, que les français n'attendaient pas Buonaparte pour défendre et illustrer leur patrie par les armes. Il a trouvé, en sortant de son obscurité, leurs vieilles bandes aguerries, et il les a sacrifiées à son ambition. Il me serait facile de prouver qu'il a dû à leur discipline et à leur courage, ses premières comme ses plus éclatantes victoires.

La France voudrait-elle donc enfin être toujours sous des chefs militaires, et ne chercher que la gloire des armes ? ces arts paisibles, l'agriculture, le commerce, les entreprises libérales, les constructions utiles qui font le bonheur des peuples et des individus, n'entreraient donc jamais dans les calculs de ses espérances et de ses désirs ? Oui, sans doute ses vœux sont fixés. Malheur à celui qui est venu si imprudemment les rompre !

———

Je crois avoir présenté d'une manière impartiale, les motifs de plaintes, les fautes de l'autorité, la volonté et les espérances de la nation française. Je me propose de proüver dans un autre mémoire, que si le vœu des français est d'être gouvernés par un prince juste et légitime, celui des souverains et des nations de l'Europe est intimement lié aux vœux des français.

Londres le 15 Mai, 1815.

Il vient de paraître quelques brochures sur ce qui s'est passé en France depuis la restauration de la monarchie. On doit distinguer parmi ces ouvrages, publiés par des personnes qui ne sont pas très-familières avec notre histoire, la réponse d'un Anglais aux calomniateurs de Louis XVIII. L'auteur s'exprime avec justesse, il répond avec beaucoup d'avantage à quelques-uns des reproches adressés au Roi de France par ses ennemis. Sa logique est serrée et ses réflexions sont présentées avec clarté. Il fait plusieurs observations assez piquantes, celle-ci entr'autres page 25 : L'attention, dit-il, que Buonaparte a toujours eu de choisir et de bien payer les hommes de mérite, pour l'exécution de tous ses projets, a été dans l'origine le plus puissant appui de son autorité ; ce sont les mêmes hommes qui lui ont facilité son retour en France et qui ont contribué à le faire recevoir plutôt comme un libérateur que comme un usurpateur. Si, ses ennemis avaient employé les mêmes moyens, il serait actuellement réduit à bien peu de chose. Il paraît au contraire, qu'à l'exception de la partie militaire, l'administration était confiée à des gens sans mérite, et que les exceptions à cette règle étaient fort rares. Il observe aussi avec beaucoup de raison que les alliés ont commis une grande faute, en ne prenant aucune précaution pour empêcher le retour de Buonaparte, et que Louis ou ses ministres auraient dû surveiller avec plus de soin, les démarches de leurs nouveaux amis. Cet ouvrage demande néamoins à être lu avec une grande circonspection, non que l'auteur ait de mauvaises intentions, mais parce qu'il ne s'est pas donné la peine de lire l'histoire ; de sorte qu'il s'appuie quelquefois sur des faits matériellement faux, et que les conséquences qu'il en tire, pourraient devenir fort dangereuses. En parlant des crimes de Septembre 1792, l'auteur n'en accuse pas toute la population de Paris, mais il pense que trente mille citoyens armés auraient bien pu s'opposer à ces atrocités. Il se fût épargné cette réflexion, s'il eût observé que la garde nationale avait été désorganisée, qu'un décret de l'assemblée législative avait dissout les états-majors. Car le commandant du bataillon du Pont neuf et plusieurs autres, avaient été tués le 10 Août 1792, en défendant le château ou ses alentours, Acloque et tous les officiers dévoués au Roi étaient en fuite ou dans les prisons ; les armes étaient entre les mains de la populace des rues ou des fauxbourgs St. Antoine et St. Marceau, c'est même dans leurs rangs que M. Méhée de la Touche, Panis et autres membres de la commune avaient trouvé des exécuteurs salariés pour commettre ces crimes.

L'auteur dit, page 17 de son mémoire, que la ville de Paris a été le théâtre de beaucoup de crimes, ce qui est très-vrai, et que le 5 Octobre, 1795, Buonaparte fit tuer plusieurs milliers de jacobins dans l'église de Saint Roch, ce qui est précisément le contraire de la vérité. Il ajoute page 19, que le 5 Octobre, 1789, les jacobins furent à Versailles et amenèrent la famille royale à Paris, ce qui offre un singulier rapport entre cette journée et celle du 5 Octobre 1795, dans laquelle environ sept mille jacobins de la garde parisienne furent tués dans les rues de Paris et punis de leurs attentats. Si l'auteur se fut donné la peine d'ouvrir un des cinquante ou des cent volumes, mémoires ou compilations qu'on a imprimées sur la révolution française, il eût évité de controuver un fait notoire et d'en tirer de fausses conséquences. Voici comme s'exprime à ce sujet M. Salgues dans ses mémoires pour servir à l'histoire de France page 147 et suivantes : " Au commencement du mois de Vendemiaire (Octobre 1795) les prisons recelaient un grand nombre de patriotes énergiques, détenus pour les excès qu'ils avaient commis ; les bagnes mêmes s'étaient enrichis de plusieurs comités révolutionnaires, convaincus de brisement de scellés, de rapine et de vol ; ce fut vers ces lieux que la convention tourna ses regards.

Elle rendit à la liberté, ces démagogues fanatiques, ces agens de la terreur qu'elle avait auparavant désarmés et incarcérés; elle les décora du titre de patriotes de 1789, et les appela au secours de la république.

" On vit alors accourir de divers points de la France des hordes de brigands avides de carnage et de sang. Les assassins, les incendiaires de la Vendée, les démolisseurs de Lyon, les tueurs de 2 Septembre et une foule d'officiers de tout grade chassés de l'armée, comme des gens ineptes ou des buveurs de sang. La convention les rassembla dans le jardin des Tuileries, au nombre de trois mille, les forma en bataillon, leur distribua des armes, de la poudre, du plomb et leur donna le nom de *phalange sacrée*. Il ne leur manquait qu'un chef et il en fallait trouver un digne d'une pareille armée. On avait d'abord pensé à Gentilli, officier corse habile et courageux, qui s'était distingué à la défense de Bastia; mais il était sourd et l'on craignit qu'il n'entendit pas bien les rapports de ses aides-de-camp. On s'adressa au général Miranda qui ne voulut pas accepter.

" Ce fut alors que Barras, qui commandait toutes les forces réunies à Paris, songea à Buonaparte. Il dînait chez Tallien avec Carnot : J'ai, leur dit-il, l'homme qui vous convient; c'est un petit officier corse, qui ne tâtonnera pas. Tallien fut de l'avis de Barras et l'on envoya chercher

Napoléon,* on lui procura un uniforme, un cheval et la phalange sacrée eût un général.

On voit par ce récit qui est très-exact, que Buonaparté se trouvait à la tête des jacobins, des égorgeurs, etc. L'historien ajoute un peu plus loin : " Outre sa phalange sacrée, la convention nationale avait à sa disposition une armée de trente mille hommes, campée sous les murs de Paris ; mais ces troupes donnaient peu d'inquiétude ; on était persuadé qu'elles ne se décideraient jamais à tirer sur les citoyens. Malheureusement les Parisiens se trompaient, car il est bien certain que l'armée ou une partie de l'armée abandonna leur cause par la faute du général." Voyons actuellement contre qui Buonaparte devait se battre. " La section de la Butte des Moulins ou de St. Roch, la section le Pelletier, du Théâtre Français, etc.,

---

* " Buonaparté était vêtu si modestement que ses amis l'appellaient *la petite culotte de peau.* Ses connaissances les plus intimes étaient Laïs, Dugazon, Michot, Talma, Baptiste cadet. Ils se réunissaient souvent pour dîner ensemble et se donnaient rendez-vous au palais royal chez un marchand de cartes géographiques nommé Piquet. Buonaparté devenu premier consul continua de voir Dugazon. Un jour qu'il crut s'apercevoir que l'embonpoint de cet acteur augmentait singulièrement, il lui frappa sur le ventre, en lui disant : *Comme vous vous arrondissez, Dugazon? Pas autant que vous, petit papa,* reprit l'histrion : *vous vous y entendez mieux que moi.* Le petit papa se facha et Dugazon ne reparut plus.

étaient en insurrection contre la Convention Nationale, mais elles n'avaient pour appui que des bataillons de la garde nationale réorganisée, mais ces bataillons étaient encore sans chefs et sans artillerie. On se décida à confier le commandement de toutes les forces parisiennes au général Danican, officier connu par sa haine pour les anarchistes et son attachement à la cause royale."

Il est bien certain par toutes ces citations que Buonaparte, à la tête de la phalange sacrée et de quelques bataillons de ligne, fit égorger les royalistes et favorisa le triomphe des jacobins dans la journée du 13 Vendémiaire (5 Octobre, 1795). Toutes les compilations, récits, journaux même sont d'accord là-dessus. Quand on se donne la peine d'écrire, il serait convenable de ne pas tronquer les faits et donner un dementi formel aux récits les plus authentiques.

Après avoir donc assuré que les Jacobins réunis dans l'église de St. Roch, furent égorgés par Buonaparté, l'auteur en question propose de démolir ce monument consacré au culte religieux ; il veut employer le même expédient contre le Palais Royal, parce qu'il y a des femmes galantes. Il voudrait aussi voir raser les Tuileries et enfin rebâtir Paris en entier. Je le remercie, jusqu'à un certain point, au nom des habitans de la capitale, parce que les rues de Paris n'en seraient probablement que plus belles et mieux alignées, si on rebatissait toutes les maisons ; mais je crois que les Tuileries, l'église St. Genevieve, le Louvre surtout ne gagneraient rien ou peu de chose au changement, attendu que le Louvre est un des chefs-d'œuvre de l'architecture moderne. Il est vrai que l'auteur n'a pas entièrement en vue l'embellissement de la capitale du royaume, et que c'est plutôt pour effacer la trace des crimes qu'on y a commis pendant la révolution, et déjà consignés dans l'histoire. Si j'avais l'honneur de le connaître, je me permettrais de lui observer, qu'en employant le même expédient et le même esprit de justice, envers toutes les maisons où logent des femmes galantes et à l'égard de tous les palais et de toutes les villes où des crimes ont été commis, surtout dans les temps d'anarchie et de révolution, on peut calculer, sans craindre d'être taxé d'exagération, que la moitié des habitans de l'Europe se trouverait obligée de coucher à la belle étoile, pendant un assez grand nombre d'années, en attendant qu'on eût rebâti toutes les maisons, tous les palais et toutes les villes démolies.

FIN.

DE L'IMPRIMERIE DE SCHULZE ET DEAN,
13, POLAND STREET, À LONDRES.

www.ingramcontent.ccm/pod-product-compliance
Lightning Source LLC
Chambersburg PA
CBHW051626060726

47597CB00004B/1459